Chinese Graded Reader

Level 1: 300 Characters

王子和穷孩子

Wángzǐ hé Qióng Háizi

The Prince and the Pauper

by Mark Twain

Mind Spark Press LLC

SHANGHAI

Published by Mind Spark Press LLC

Shanghai, China

Mandarin Companion is a trademark of Mind Spark Press LLC.

Copyright © Mind Spark Press LLC, 2017

For information about educational or bulk purchases, please contact
Mind Spark Press at business@mandarincompanion.com.

Instructor and learner resources and traditional Chinese editions of
the Mandarin Companion series are available
at www.MandarinCompanion.com.

First paperback print edition 2017

Library of Congress Cataloging-in-Publication Data
Twain, Mark.

The Prince and the Pauper : Mandarin Companion Graded Readers: Level 1,
Simplified Chinese Edition / Mark Twain; [edited by] John Pasden, Ye Gen, Chen
Shishuang

1st paperback edition.

Shanghai, China / Salt Lake City, UT: Mind Spark Press LLC, 2017

Library of Congress Control Number: 2017902466
ISBN: 9781941875223 (Paperback)
ISBN: 9781941875230 (Paperback/traditional ch)
ISBN: 9781941875247 (ebook)
ISBN: 9781941875254 (ebook/traditional ch)

Mandarin Companion Graded Readers

Now you can read books in Chinese that are fun and help accelerate language learning. Every book in the Mandarin Companion series is carefully written to use characters, words, and grammar that a learner is likely to know.

The Mandarin Companion Leveling System has been meticulously developed through an in-depth analysis of textbooks, education programs and natural Chinese language. Every story is written in a simple style that is fun and easy to understand so you improve with each book.

Mandarin Companion Level 1

Level 1 is intended for Chinese learners at an upper-elementary level. Most learners will be able to approach this book after one to two years of formal study, depending on the learner and program. This series is designed to combine simplicity of characters with an easy-to-understand storyline which helps learners to expand their vocabularies and language comprehension abilities. The more they read, the better they will become at reading and grasping the Chinese language.

Level 1 is based on a core set of 300 fundamental characters, ensuring each book's vocabulary will be simple everyday words that the reader is most likely to know. Level 1 books contain approximately 400 unique words, introducing a limited number of new key words relevant to the story.

Key words are added gradually over the course of the story accompanied by a numbered footnote for each instance. Pinyin and an English definition are provided at the bottom of the page for the first instance of each key word, and a complete glossary is provided at the back of the book. All proper nouns have been underlined to help the reader distinguish between names and other words.

What level is right for me?

If you are able to comfortably read this book without looking up lots of words, then this book is likely at your level. It is ideal to have at most only one unknown word or character for every 40-50 words or characters that are read.

Once you are able to read fluidly and quickly without interruption you are ready for the next level. Even if you are able to understand all of the words in the book, we recommend that readers build fluency and reading speed before moving to higher levels.

How will this help my Chinese?

Reading extensively in a language you are learning is one of the most effective ways to build fluency. However, the key is to read at a high level of comprehension. Reading at the appropriate level in Chinese will increase your speed of character recognition, help you to acquire vocabulary faster, teach you to naturally learn grammar, and train your brain to think in Chinese. It also makes learning Chinese more fun and enjoyable. You will experience the sense of accomplishment and confidence that only comes from reading entire books in Chinese.

Extensive Reading

After years of studying Chinese, many people ask, "why can't I become fluent in Chinese?" Fluency can only happen when the language enters our "comfort zone." This comfort comes after significant exposure to and experience with the language. The more times you meet a word, phrase, or grammar point the more readily it will enter your comfort zone.

In the world of language research, experts agree that learners can acquire new vocabulary through reading only if the overall text can be understood. Decades of research indicate that if we know approximately 98% of the words in a book, we can comfortably "pick up" the 2% that is unfamiliar. Reading at this 98% comprehension level is referred to as "extensive reading."

Research in extensive reading has shown that it accelerates vocabulary learning and helps the learner to naturally understand grammar. Perhaps most importantly, it trains the brain to automatically recognize familiar language, thereby freeing up mental energy to focus on meaning and ideas. As they build reading speed and fluency, learners will move from reading "word by word" to processing "chunks of language." A defining feature is that it's less painful than the "intensive reading" commonly used in textbooks. In fact, extensive reading can be downright fun.

Graded Readers

Graded readers are the best books for learners to "extensively" read. Research has taught us that learners need to "encounter" a word 10-30 times before truly learning it, and often many more times for particularly complicated or abstract words. Graded readers are appropriate for learners because the language is controlled and simplified, as opposed to the language in native texts, which is inevitably difficult and often demotivating. Reading extensively with graded readers allows learners to bring together all of the language they have studied and absorb how the words naturally work together.

To become fluent, learners must not only understand the meaning of a word, but also understand its nuances, how to use it in conversation, how to pair it with other words, where it fits into natural word order, and how it is used in grammar structures. No textbook could ever be written to teach all of this explicitly. When used properly, a textbook introduces the language and provides the basic meanings, while graded readers consolidate, strengthen, and deepen understanding.

Without graded readers, learners would have to study dictionaries, textbooks, sample dialogs, and simple conversations until they have randomly encountered enough Chinese for it to enter their comfort zones. With proper use of graded readers, learners can tackle this issue and develop greater fluency now, at their current levels, instead of waiting until some period in the distant future. With a stronger foundation and greater confidence at their current levels, learners are encouraged and motivated to continue their Chinese studies to even greater heights. Plus, they'll quickly learn that reading Chinese is fun!

About Mandarin Companion

Mandarin Companion was started by Jared Turner and John Pasden who met one fateful day on a bus in Shanghai when the only remaining seat left them sitting next to each other. A year later, Jared had greatly improved his Chinese using extensive reading but was frustrated at the lack of suitable reading materials. He approached John with the prospect of creating their own series. Having worked in Chinese education for nearly a decade, John was intrigued with the idea and thus began the Mandarin Companion series.

John majored in Japanese in college, but started learning Mandarin and later moved to China where his learning accelerated. After developing language proficiency, he was admitted into an all-Chinese masters program in applied linguistics at East China Normal University in Shanghai. Throughout his learning process, John developed an open mind to different learning styles and a tendency to challenge conventional wisdom in the field of teaching Chinese. He has since worked at ChinesePod as academic director and host, and opened his own consultancy, AllSet Learning, in Shanghai to help individuals acquire Chinese language proficiency. He lives in Shanghai with his wife and children.

After graduate school and with no Chinese language skills, Jared decided to move to China with his young family in search of career opportunities. Later while working on an investment project, Jared learned about extensive reading and decided that if it was as effective as it claimed to be, it could help him learn Chinese. In three months, he read 10 Chinese graded readers and his language ability quickly improved from speaking words and phrases to a conversational level. Jared has an MBA from Purdue University and a bachelor in Economics from the University of Utah. He lives in Shanghai with his wife and children.

Credits

Original Author: Mark Twain

Editor-in-Chief: John Pasden

Adapted by: Ye Gen

Content Editor: Chen Shishuang

Project Manager: Tan Rong

Illustrator: Hu Sheng

Producer: Jared Turner

Acknowledgments

We are grateful to Chen Shishuang, Zhao Yihua, Tan Rong, Song Shen, and the entire team at AllSet Learning for working on this project and contributing the perfect mix of talent to produce this series.

Thank you to our awesome testers, Jenna Salisbury, Kendra Lindsay, and Vanessa Dewey.

Table of Contents

Story Adaptation Notes

Mark Twain's classic novel, *The Prince and the Pauper*, has been the subject of countless retellings, but has never been done in such a uniquely Chinese way before. In order to put the focus on the story in our adaptation, we set our version of the story in a fictional Chinese kingdom in the remote past. We never say exactly what year or dynasty it is, and the character names used, while sometimes inspired by real historical figures, are not straight out of the history books. The characters have been given authentic Chinese names as opposed to transliterations of English names, which sound foreign in Chinese. The location of the story, a city called 西京 (Xījīng), is also fictional.

Some elements of the story have a certain relationship to actual Chinese history, however. For example, although 宋 (Sòng) is the name of a historical Chinese dynasty, we chose it for the king's name in our story precisely because there was no famous Chinese emperor with that surname. As for the name 宋知远 (Sòng Zhīyuǎn), we borrowed the given name from the actual historical emperor 刘知远 (Liú Zhīyuǎn).

One challenge in adpating this work was the title, *The Prince and the Pauper*. The word "pauper" means "beggar," and can be translated as 乞丐 (qǐgài) in Chinese. However, this word is both formal and also contains two low-frequency characters, so it's no good for a graded reader. The more colloquial option, 要饭的 (yàofàn de), also means "beggar," but is so informal that it is not suitable for a book title (but it does appear in our book). Thus, we decided to go with 穷孩子 (qióng háizi), meaning "poor child," a less literal translation of the English "pauper."

Finally, our Chinese staff would like to make it clear to the reader that the hairstyle of the prince in our story does not conform to the actual historical royal hairstyles of ancient China. (Sometimes you just have to go with design choices that look a little cooler.)

Character Adaptations

The following is a list of the characters from *The Prince and the Pauper* in Chinese followed by their corresponding English names from Twain's original story. There are, of course, other characters in the story besides these, but many do not have exact correspondences to the original. The names below aren't translations; they're new Chinese names used for the Chinese versions of the original characters. Think of them as all-new characters in a Chinese story.

宋知远 (Sòng Zhīyuǎn) - Edward Tudor, Prince of Wales

李小朋 (Lǐ Xiǎopéng) - Tom Canty

李大 (Lǐ Dà) - John Canty

周兵 (Zhōu Bīng) - Sir Miles Hendon

白老师 (Bái Lǎoshī) - Father Andrew

雨平 (Yǔpíng) - Lady Edith

老国王 (Lǎo Guówáng) - King Henry VIII

Cast of Characters

宋知远
(Sòng Zhīyuǎn)

李小朋
(Lǐ Xiǎopéng)

李大
(Lǐ Dà)

周兵
(Zhōu Bīng)

Locations

西京 (Xījīng)

Xijing is the capital of a fictional medieval China, set in a time when China had kings rather than a single emperor.

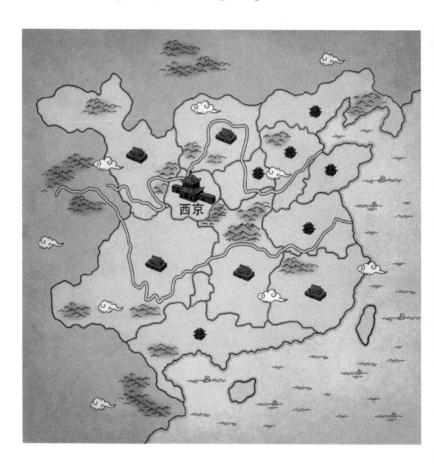

— Chapter 1 —
不一样的生活

一千多年前的一天晚上，国王 的儿子
在西京出生 了。

国王 很老了，一直没有儿子，所以
王子 的出生 是一件 大事，西京的人都很
高兴。王子 叫宋知远，他住在又大又漂亮
的王宫 里。每天都有很多人帮 王子 做事，
他吃的、用的也都是最好的。可以说，他
过着最好的生活。王子 每天都要学写字，
他的字写得很好。天气好的时候，他喜欢
在外面玩。不过，他只能在王宫 里走一走，

---

1 国王 (guówáng) *n.* king
2 出生 (chūshēng) *v.* to be born
3 王子 (wángzǐ) *n.* prince
4 件 (jiàn) *mw.* [measure word]
5 高兴 (gāoxìng) *adj.* happy
6 漂亮 (piàoliang) *adj.* pretty
7 王宫 (wánggōng) *n.* the royal palace
8 帮 (bāng) *v.* to help; for
9 生活 (shēnghuó) *n.* life
10 喜欢 (xǐhuan) *v.* to like

不能出王宫。
₇

就在王子出生的那一天晚上，李大
₃ ₂

的儿子李小朋也出生了。李大很穷，是个
₂ ₁₁

要饭的，有时候还会偷东西。小朋的妈妈
₁₂

和两个姐姐也都是要饭的。小朋出生的时
₂

候，家里人一点也不高兴，因为他的出生
₅ ₂

---

11 穷 (qióng) *adj.* poor   12 偷 (tōu) *v.* to steal

让这个家更穷 了。

他们一家人跟很多穷 人都住在西京最穷 的地方。他们的家又小又破，家里只有一个很破 的床，是爸爸妈妈的，两个姐姐都睡在地上。小朋出生 以后，就生活 在这样的家里。家里常常没有吃的，他总是很饿，穿 的衣服 也都很破。

小朋的两个姐姐比他大两岁，小朋 13 岁这一年，她们都 15 岁。两个姐姐长得很漂亮，但是也只能穿 很破 的衣服。家里没有钱让她们上学，但是妈妈会让姐姐们学做很多事。姐姐对小朋很好。爸爸李大很喜欢 喝酒，还常常打小朋。这时候，妈妈

---

13 破 (pò) *adj.* beat-up, run-down
14 床 (chuáng) *n.* bed
15 以后 (yǐhòu) *adv.* after, later
16 饿 (è) *adj.* hungry

17 穿 (chuān) *v.* to wear
18 衣服 (yīfu) *n.* clothing
19 喝酒 (hējiǔ) *vo.* to drink alcohol

和姐姐都会帮 小朋。但是，小朋觉得爸爸

不是坏人，因为他不喝酒 的时候，很少打

人。

李大每天都让小朋去要饭，但是小朋

去要饭以前，总是会先去白老师 家里。白

20 老师 (lǎoshī) n. teacher

老师 以前住在王宫，做王子 的老师。但是国王 不喜欢 他，只给了他一点点钱，就让他走了。白老师 现在还是在西京做老师，他常常让孩子们学写字。穷 人家的孩子都喜欢 去他家，他们还不用给钱。

　　小朋很喜欢 听白老师 说他以前在王宫 的生活，最喜欢 听王子 的事。他常常一边听一边想，如果他是王子，就可以住在漂亮 的王宫 里，有时间学更多的东西，也不会总是觉得很饿。他常常让白老师 跟他说王子 是怎么说话、怎么做事的，然后他会学王子 说话、做事。这时候他很快会忘记 那些让他不高兴 的事。不过，小朋知道，他不可能 做真的王子，所以他又想，

---

21 忘记 (wàngjì) *v.* to forget

22 可能 (kěnéng) *adv.* maybe, possibly; possible

能见一见真王子 就已经很不错了。但是，他的朋友听他这么说都笑 他。

小朋还常常看白老师 的书，看不懂 的地方就问白老师，所以小朋知道的事也不少。小朋能记住很多东西，他跟白老师 学过的东西从来不会忘记。孩子和大人们有什么不懂 的问题，都会来问小朋。但是小朋的家人对这些事一点都不知道。

小朋在白老师 家的时候总是很开心。可是，他每天还要去要饭，回到家的时候，他会很不开心，因为爸爸常常打他。不过，每天晚上的这个时候，他都已经很累 了，所以能很快睡着。睡着 以后，他就是王子，住在王宫 里，很多人帮 他做事，还有很多

---

23 笑 (xiào) *v.* to smile, to laugh
24 懂 (dǒng) *v.* to understand
25 问题 (wèntí) *n.* problem, quesiton

26 累 (lèi) *adj.* to be tired
27 睡着 (shuìzháo) *vc.* to fall asleep

人跟他一起玩。第二天早上起床 以后，他
会很难过。因为他还是个要饭的，不可能
做王子，也不可能 见到王子。

28 起床 (qǐchuáng) *vo.* to get out of
bed

29 难过 (nánguò) *adj.* upset

— Chapter 2 —
两个人的见面

有一天，小朋出去要饭，路上一直在想王子在王宫里的生活。走了一会儿，他看见在不远的地方，有很多士兵站在一个大门口。小朋发现前面就是王宫！

"啊！好漂亮！"小朋太高兴了，他很想进去看看，但是门口有两个士兵不让他走近宫门。这时候，宫门开了。很快，小朋就看见一个马车出来了。但是，马车上的人不是王子。

王宫的门口还有一些穷人，他们跟小朋想的一样，也想看看王子长什么样。

---

30 士兵 (shìbīng) *n.* soldier
31 门口 (ménkǒu) *n.* doorway
32 发现 (fāxiàn) *v.* to discover
33 宫 (gōng) *n.* palace
34 马车 (mǎchē) *n.* carriage, chariot

就在那些士兵 跟马车 上的人说话的时候，小朋偷偷地 走近宫 门口，他看到一个跟他差不多 大的男孩，穿 着漂亮 的衣服，在不远的地方玩水。几个仆人 一直站在他的后面。"他一定就是知远王子！"小朋想再走近一点，但是士兵 发现 了他，一边大声让他走开，一边重重地 打他的头。

"你们为什么打他？"王子 走过来问士兵。"快放开 他！让他进来。"

"是！王子！"士兵 马上 放开 了小朋，知远王子 带小朋进了王宫，士兵 关上了宫 门。小朋有点怕，但是也很开心，因

---

35 偷偷地 (tōutōu de) *adv.* stealthily, secretly
36 差不多 (chàbuduō) *adv.* more or less
37 仆人 (púrén) *n.* servant
38 大声 (dàshēng) *adv.* loudly
39 走开 (zǒukāi) *vc.* to go away

40 重重地 (zhòngzhòng de) *adv.* heavily
41 放开 (fàngkāi) *vc.* to let go, to release
42 马上 (mǎshàng) *adv.* immediately (lit. "on horseback")
43 怕 (pà) *v.* to be afraid (of)

为他没有想到这么快就进了王宫，见到了
王子。他们一边走一边说话，王子问了小
朋很多问题。他没想到小朋的家那么穷，
但是也觉得小朋的生活很好玩。走了一会

44 没想到 (méi xiǎngdào) *phrase* to
not have imagined

儿以后，王子 有点累 了。仆人 马上 拿来
了一些好吃的。

"吃吧，想吃什么就吃什么。"王子 笑
着对小朋说。他看着小朋，越看越觉得他
们长得很像！

小朋很难相信 这是真的：王子 请 他
进了王宫，还请 他吃东西！

看着面前这么多好吃的东西，小朋不
知道先吃哪个好。他不好意思 地对王子 笑
了笑，很快就吃完了很多东西。

"太好吃了！"小朋从来没有吃过这么
好吃的东西。王子 看小朋吃得那么高兴，
也跟着他一起吃了起来。

---

45 拿 (ná) *v.* to pick up, to get
46 像 (xiàng) *v.* to resemble, to be like
47 相信 (xiāngxìn) *v.* to believe

48 请 (qǐng) *v.* to invite, to request;
please
49 不好意思 (bùhǎoyìsi) *adj.*
embarrassed

"对了，我还没问你叫什么？"王子一边吃，一边问。

"李小朋。"小朋还在吃，他觉得很开心，但是也很不好意思。

"在宫里，总是有人一直跟着我，看着我。"王子说，"我说话做事都要很有礼貌，我觉得这样的生活很累。你每天都去要饭，但是你的生活听起来很有意思。"王子说完就不吃了。

"王子，没想到你会觉得我的生活有意思。不过，我也不太明白你怎么会不喜欢王宫的生活。我一直很想住在王宫里，过一天王子的生活。"然后，小朋又小声说："我知道这是不可能的。可是，如果

---

50 礼貌 (lǐmào) *n.; adj.* manners; polite

能让我穿一下你的衣服也好啊！”

"你想穿我的衣服？来吧！"王子觉得这样做很好玩，"那我也穿上你的衣服吧！"

小朋开心死了，马上就跟王子去了他的房间。王子让仆人都不要进来。

知远王子穿上了小朋的破衣服，小朋穿上了王子的漂亮衣服。他们长得真的太像了！如果他们不告诉别人，没有人会知道谁是真王子，谁是要饭的。

"你的头是士兵打的吗？！"王子问。

"是，不过，很快就会好的。请王子不要生气。"

---

51 房间 (fángjiān) *n.* room
52 告诉 (gàosu) *v.* to tell

53 生气 (shēngqì) *vo.* to be angry

"不行，我一定要告诉他们，这样做
是不对的。"说完，王子在床下放了一个
包，包里的东西好像有点重。然后，王子
就出去了。

---

54 放 (fàng) *v.* to put

55 包 (bāo) *n.* bag

56 好像 (hǎoxiàng) *adv.* it seems that

57 重 (zhòng) *adj.* heavy

"开门！快点！"王子 很快走到外面，大声 对士兵 说。

士兵 看到穿破 衣服 的知远王子，以为他是要饭的小朋，开了门就让他出去了。知远王子 一走出去就对门口 的士兵 说："你们怎么能打人呢？这是不对的！"

士兵 听了很不高兴："死要饭的，找死吗？"说完又来打他。

王子 很生气，一边往 外面跑，一边对士兵 大叫："我是王子，你怎么可以打王子？"

"死要饭的，你疯 了吧？！快走开！"士兵 关上了大门。

---

58 以为 (yǐwéi) *v.* to (mistakenly) think that

59 死要饭的 (sǐ yàofànde) *phrase* miserable beggar

60 往 (wǎng) *prep.* toward

61 跑 (pǎo) *v.* to run

62 疯 (fēng) *adj.* crazy

站在王宫 外面的人也都看到了这些，人们都觉得这个男孩疯 了！所有的 人都在笑 他。

　　"我是王子，你们要 相信 我！"知远王子 大声 对那些人说。可是谁都不相信他，因为他的衣服 太破 了，王子 是不会穿 这样的衣服 的。

　　王子 很难过，也很怕。他只是想玩玩，没想到 会发生 这样的事。他一个人跑 了很久，等 到他跑 累 了，才在路边坐了下来。这时候他发现 前面有一个地方，是他以前去过的。"国王 带我去过这个地方！里面有很多的老师，他们应该都认识我！"他一边想，一边跑 进去。学生 们看到知

---

63 所有的 (suǒyǒu de) *adj.* all
64 发生 (fāshēng) *v.* to happen
65 等 (děng) *v.* to wait (for)
66 学生 (xuéshēng) *n.* student

远王子，也都以为他是要饭的，对他大

叫："死要饭的，快走开！"

"我是王子，我要找你们的老师！"

学生们都大笑起来，有的说："死要饭的，

你疯了吧！"。还有一个学生说："死要饭的，

如果你不快点走，我们就打死你！"

王子很生气，也很怕，只能往外跑

："你们等着！我明天就抓你们去坐牢！"

他一边跑一边想这件事，越想越生气。

一个好心的老人看到知远王子，以为

他是小朋，就跟他说话。这让王子想到去

找小朋的家人，让他们送他回王宫！

走了好久，王子在路上看到了一个男

人。男人一看到小朋，就大声对他说："小

67 抓 (zhuā) v. to grab, to catch
68 坐牢 (zuòláo) vo. to do time in jail
69 送 (sòng) v. to send, to give

朋，你去哪儿了？这么晚才回来！"

"这个男人穿得这么破，像是要饭的，他应该就是小朋的爸爸。"王子一边想，一边说："你好，我是知远王子，不是你儿子小朋。你送我回王宫，我会给你很多钱的。"

"你是王子？！"李大笑着说，"如果你是王子，我就是国王！"

"我真的是王子，是这样的……"王子还没说完，李大就要过来打他。

— Chapter 3 —
小朋做王子

　　小朋在王子的房间里等了很久，可是，知远王子一直没回来。他有点怕，如果仆人发现了，他一定会坐牢的！小朋想跑出去找王子。

　　他一开门就看到几个仆人站在门口："王子，您要什么？"他们看着小朋，都以为他是知远王子。"我不是王子，我是李小朋，我爸爸是要饭的李大。你们快让真的王子回来，让我走吧……"

　　"王子，您怎么了？您没事吧？"仆人们觉得王子很奇怪，但是谁都不知道发生

70 奇怪 (qíguài) *adj.* strange

了什么，一个仆人 马上 跑 去告诉 国王 这
件 事。老国王 让一个老仆人 带王子 来见
他。

小朋走进一个很漂亮 的房间，老国王
睡在床 上，好像 生病 了。

"知远，过来，来我这儿。"国王 说。

"国王，我不是知远王子 ……我是要
饭的小朋，请 您不要让我坐牢 ……"小朋
听起来好像 要哭 了。

"孩子，你怎么了？我怎么会让你坐牢
呢？"国王 让小朋再走近一点，"孩子，你一
定是病了。"小朋真的很怕，不知道说什么
好了。

国王 又说："王子 没有疯，他只是太累

了，所以有些事不记得 了。王子 会好的。

你们要想办法 让他高兴。还有，这件 事不

能让别人知道。"

"是！国王！"所有人一起说。

听到国王 这样说，小朋更怕 了，心里

73 记得 (jìde) v. to remember　　74 办法 (bànfǎ) n. way, solution

一直想："我应该怎么办？王子，你快点回
来吧……"

国王 累 了，他让王叔 和一个大臣 带
小朋回去。在王子 的房间，王叔、大臣、
仆人 都站着，只有小朋坐着。他觉得很
不好意思，他想请 大家都坐下，但是王叔
小声对他说："您在的时候，我们都不能
坐。"

这时候，王叔 身边的马大臣 走了过
来："王子，我有事要告诉 您。王叔 在这里
就可以了，别的人都要出去。"

小朋看着王叔，不知道怎么办。王叔
小声对他说："不用说话，动一动右手，然
后让他们走就可以了。"小朋听了王叔 的话

---

75 王叔 (wángshū) *n.* brother of the king　　76 大臣 (dàchén) *n.* royal official

以后，动了一下他的右手。

仆人们走了以后，王叔 对小朋说："请
您记住，以后 别再对别人说'我不是王子'
这样的话了。有什么问题 可以问我，我会
帮 您。"

王叔 说完，马大臣 走到小朋身边，
说："国王 说，他给了您一个重要 的东西，
请 您一定要放 好。"

小朋不知道马大臣 说的是什么东西，
可还是点了点头。他觉得很累，王叔 马上
叫了两三个仆人 进来带他去睡觉。他睡觉
的时候，仆人 们一直站在房间 里，他怎
么也睡不着，但是也不知道怎么让仆人 都
走开。

---

77 重要 (zhòngyào) *adj.* important   79 睡觉 (shuìjiào) *vo.* to sleep
78 点头 (diǎntóu) *vo.* to nod one's head

王叔 和马大臣 知道王子 在睡觉，所以他们在外面说话的时候一直很小声。

"您不觉得有点奇怪 吗？王子 ……"马大臣 问。

"有什么奇怪 的？你说吧，现在没有别人。"

"王子 怎么会这样呢？他是谁，自己都不知道……您真的一点都不觉得奇怪 吗？"

"我是王叔，怎么会不记得 王子 长什么样？！国王 刚才的话你都忘了吗？你想找死吗？"王叔 很生气。

"对不起，我以后 不说了。"马大臣 很怕 王叔 生气，马上 就不说话了。

到了下午六点，仆人 们叫小朋起床

吃饭。仆人们一个一个来上菜，好吃的东西越来越多，但是小朋还是觉得很奇怪，因为只有他一个人坐着，仆人、王叔、大臣都只能站着看。不过，他真的饿坏了，也没时间想这些事了。他最喜欢吃肉，一下子拿了很多，吃得也很快，好像很久没吃饭了一样。仆人们都看着王子，觉得他太奇怪了，因为他们从来没见过王子这么喜欢吃肉。他们以为王子真的病了。

吃完饭以后，仆人拿水给小朋洗手。小朋以为这些水是要喝下去的，一边喝，一边想：奇怪！吃了这么多好吃的，谁还要喝水？小朋喝水的时候，仆人们都在看他，他觉得更奇怪了。这时候，王叔走过来小声对他说："这些水是给你洗手的。"小

朋听王叔 这么说，很不好意思。

　　小朋站了起来，还拿 了很多开心果 回到房间。他让仆人 们都出去了，因为他想一个人慢慢 吃。他在房间 里找了很久，最后在床 下面找到一个东西，用它来打开开心果。这个东西有点重，不太好用，但是没有别的东西可以用，他也不想叫仆人。吃完所有的 开心果 以后，小朋拿 起那个很重 的东西，又放 到了床 下面。

81 开心果 (kāixīnguǒ) *n.* pistachio nuts

82 慢慢 (mànmàn) *adv.* slowly

83 打开 (dǎkāi) *v.* to open

Chapter 4
出了王宫以后

"别再说你是王子了！听到没有？"李大一边大声说，一边找东西打知远王子。

"我是王子，你不可以打我！"王子很生气，也有点怕。

这时候，白老师路过这里。他大声对李大说："不要打孩子！"

李大很不高兴："这是我儿子，我想打就打！"

"小朋做错了什么事，你要打他？"白老师生气地问。

因为他们说话都很大声，所以路上有很多人都在看他们。

"我说了，我儿子，我想打就打！你想怎么样？快走开！"李大一边说，一边拿一个很重的东西去打白老师的头。白老师大叫了一声，就睡在了地上。

李大让知远王子跟他回家，进了门，王子看到一个女人和两个女孩子。他觉得她们一定就是小朋的妈妈和姐姐。

"我是知远王子，小朋在王宫里。请你送我回王宫，国王一定会让他回来的。"王子觉得小朋的妈妈应该会相信他。

"儿子，你疯了吗？人人都想做王子，但这是不可能的啊！"小朋的妈妈走过来说。

"小朋，今天要饭的钱呢？都给我！"李大抓着王子的衣服问。

"我是王子，怎么可能 去要饭？我没钱！放开 我！"

李大生气 地打了王子 一下。

"不要打儿子！"小朋的妈妈大叫。李大很不高兴，又打了一下小朋的妈妈。

"不要打她！要打就打我！"王子 大声说。

李大听了更生气 了，又重重地打了一下王子 的头。小朋的妈妈大声哭 了起来，李大这时候才走开。

从来没有人打过王子，他也从来没想到 会有人这样对他！以前，王子 觉得小朋的生活 很好玩，可是现在他不这样想了。

这天晚上知远王子怎么也睡不着。等李大睡着以后，小朋的妈妈给了王子一点东西吃："儿子，饿坏了吧？快吃点东西吧。"

"谢谢！你真是个好心人。我回王宫

以后，会给你很多好东西。"说完，王子就慢慢 地吃了起来。

"儿子，不要再说这样的话了，睡吧。"小朋的妈妈今天也睡在了地上，但是她怎么也睡不着，她一直在想：这个孩子是不是我的小朋？

晚上 11 点多的时候，有人打门。李大起来开门，门外的人说："快跑吧！有士兵要来抓 你们了！听说是因为你打死了白老师。"李大的衣服 还没穿 好，就带着一家人跑 了。

第二天，王子 要去一个地方跟大臣开会，这个会很重要。知远王子 在路上也听说了这件 事。他想去开会 的地方，告诉

84 开会 (kāihuì) *vo.* to have a meeting

大家他是真的王子。

中午，李大跟小朋的妈妈去买吃的东西的时候，知远王子偷偷地跑走了。

开会的地方又大又漂亮，小朋穿着王子的衣服，坐在一个很高的地方。很多仆人站在他后面。下面的大臣有的在喝酒，有的在说话。

"昨天我还是要饭的，今天就是王子了？"看着那么多大臣和仆人，小朋自己都不相信自己。

就在这时候，知远王子到了。他大声对门口的士兵说："里面的王子是个要饭的，我才是真王子！"

路上的人都笑他是疯子，士兵大声

85 疯子 (fēngzi) *n.* crazy person

说:"快走开!死要饭的!"

"我真的是知远王子!让我进去!"

"穷 疯子,如果你不快走开,我们就打死你!"士兵 一边说,一边打知远王子。

"我不走!我是王子,你们不可以打我!"

"不要打这个孩子!"一个高大的男人走过来大声 对士兵 说。然后他对知远王子说:"快走吧,他们会打死你的。"

这时候,一个大臣 来到了开会 的地方。他对着大会 上所有的 人大声 说:"国王死了。新 国王 是知远王子。"

知远王子 在门外听到大臣 说老国王

86 大会 (dàhuì) *n.* conference, big meeting　　87 新 (xīn) *adj.* new

死了，难过 地哭 了起来。
　　　　　29　　72

　　"孩子，你怎么了？他们为什么要打

你？"男人问。

　　"我爸爸死了……可是，他们不让我进

去……"知远王子 哭 着说，好像 没听见男
　　　　　3　72　　　　　　56

人的话。

男人觉得这个孩子说的话有点疯，但是也很奇怪 他为什么会这样说。他想了一下，对王子 说："孩子，我叫周兵。我不知道你为什么这么难过。但是，如果你相信我，可以告诉 我发生 了什么事。"

王子 很难过，一直不说话。过了一会儿，周兵又说："我住的地方不远，要不要先跟我一起回去？"

王子 看周兵人这么好，觉得可以跟他做朋友，就跟他一起走了。

Chapter 5
小朋学做国王

　　老国王死了，小朋就要做新的国王了。常常有人跟他说国家大事，他听不懂，所以他很怕，不知道应该怎么做。

　　大会的第二天早上，小朋吃了早饭，就去跟一些重要的大臣开会，听他们说国家大事。他总是有很多听不懂的地方，王叔让他慢慢学。但是，要学的东西太多了，好像总是学不完，有的事王叔也没办法帮他。还没到中午，小朋就觉得这样的生活太累了，也没什么意思。看着身边的大臣和仆人，他想：如果能让我回去跟我的朋友一起玩多好啊！

下午的时候，小朋有点累，想去睡一
会儿。这时候，一个仆人带着一个男孩走
了进来，这个男孩跟小朋差不多大。

"王子，您还记得我吗？以前您看书
写字的时候，我就站在一边看着。如果您
不好好学，您的老师就会打我，因为老师
不能打王子。"

小朋觉得这样的工作又可笑又可怕，
但是他想知道更多的事。他想了一下，
说："我想起来了。那你今天来做什么？"

男孩想了一会儿，又说："您就要做
国王了，以后不用我跟您一起做这些事
了，所以我的工作也没了。现在妹妹和我
都没钱生活了。"

小朋一下子就明白了："好，我知道

了，工作的事我会帮 你的。"

"多谢王子！"男孩听到王子 这样说很
高兴。

"这样吧，"小朋想了一下说，"你多跟
我说说王宫 里的事吧。以前的很多事我都

忘了。"就这样，小朋从男孩那儿知道了很多王宫 里的事。

一个多星期以后，王叔 要带小朋去王宫 外面跟一些重要 的大臣 见面。下午，他们一起坐马车 回王宫。在回来的路上，他看到路边的孩子们玩得很高兴，这让他更想妈妈和两个姐姐了。这时候，他看到前面有很多人，好像 发生 了什么重要 的事。小朋对仆人 说："让我下车。"

下车以后，小朋走到前面问人们发生了什么事。

"王子，这个人偷 了我家的东西。士兵刚刚抓 到了他。"一个三十多岁的女人小心地说。

小朋看到一个穿 红衣服 的老人坐在

地上，一个士兵 站在他的左边。小朋觉得好像 在哪儿见过这个老人。他一边看，一边想，很快他就想起来了：有一天，天很冷，他在外面要饭，可是一天都没吃东西。就在他又冷又饿 的时候，这个老人给了他一些吃的。小朋知道这个老人很穷，但是他是好人，从来不偷 别人的东西。所以，士兵 一定抓 错了人！他要想办法 帮 这个老人。

"你怎么知道偷 东西的人就是他？"小朋问那个女人。

"王子，是这样的，今天早上，有一个穿 红衣服 的人跑 进我家，他偷 了我们的钱包。我发现 他以后，就叫家里的仆人

---

88 钱包 (qiánbāo) *n.* wallet, money purse

来抓 小偷。小偷 听到我在叫人就往 外面跑，他跑 得很快。仆人 跑 出来抓 小偷，在门口 只看到这个穿 红衣服 的老人。如果他不是小偷，谁是小偷？"女人说完以后，更生气 了。

小朋听完，想了一下，对老人说："你，站起来，快点。"

老人想站起来，但是他太老了，很难站起来。他试了几次，花了很长时间才慢慢 地站了起来。

"你刚才说这个小偷 跑 得很快，可是这个老人站起来都这么难，怎么可能 跑 得很快？再说，你家的仆人 跑 出来的时候，小偷 应该早就跑 走了，怎么可能 还在门口 等 你们去抓 他？"小朋看着女人，又

说:"所以说，偷 钱包 的一定不是这个老
　　　　 ̄12 ̄ ̄88 ̄
人。快点放开 他，去抓 真的小偷 吧！"
　　　 ̄41 ̄　　 ̄67 ̄　　 ̄12 ̄

　　小朋说完以后，士兵 就放开 了这个老
　　 ̄15 ̄　　　 ̄30 ̄　 ̄41 ̄
人。老人从地上站起来，一直说:"谢谢知

远王子 !"
 ̄3 ̄

大臣们有的笑了，有的在点头。他们发现，王子没病，也没疯。他们相信王子一定会是一个好国王。

— Chapter 6 —
李大抓知远

知远王子 跟着周兵一起回到了他住的地方。快到门口 的时候，有人从后面抓 住王子："想跑？ 这次不会让你跑 了！"是小朋的爸爸李大！

周兵走到李大前面，大声 说："你是什么人？ 快点放开 他！"

"他是我儿子，我要带他回家。你走开！"李大生气 地说。

"我不是他的儿子！"王子 大叫起来。

周兵笑 着看王子："我觉得你这个孩子有点疯，但是我相信 你！那你要跟他走吗？"

"打死我也不跟他走！"

"你听到了吗？如果你还不放开 他，我

就打死你！"周兵一边说，一边从身上拿 出

了刀。

李大很生气，但是他看到周兵手里的

刀，马上 就放开 王子 跑 走了。

进了门，王子 看见 房间 里只有一个 小床。他也不问，就睡到床 上去，然后对 周兵说："我太累 了，想睡一会儿。饭做好 了以后 再叫我。"

周兵觉得这个孩子的话有点疯，也有 点好笑：他真以为 我是他的仆人？周兵看 知远王子 很快就睡着 了，就去做饭了。

吃饭的时候，周兵刚想坐下来一起吃， 就听王子 大声 说："我是王子！我没让你 坐，你怎么能在我面前坐下！太没礼貌 了！"

周兵笑 着站了起来，心里想："这个孩 子一直说疯 话，可能 是生病 了吧。"

"周兵，说说你的事吧。"王子 一边吃一边说。

周兵礼貌 地站在知远王子 身边，说起了家里的事："我爸爸是一个大臣。在我很小的时候，我妈妈就死了。我还有一个哥哥和一个弟弟。哥哥的身体一直不好，总是生病。爸爸说，如果有一天他不在了，家里所有的 东西都会给我。但是我弟弟不喜欢 我，他偷 了家里很多钱，还跟爸爸说，钱是我偷 的。爸爸相信 了他的话，让我走，三年以后 才能回家。然后我就做了士兵。不久以后，别的国家的士兵 抓 住了我，觉得我是坏人，让我去坐牢。我坐牢坐了几年，两个月前刚从牢里 出来。这几年家里怎么样，我一点也不知道。"

90 牢里 (láo lǐ) *phrase* in jail

"你弟弟太坏了！"王子 生气 地说，"等我做了国王，一定要让他知道他做错了很多事！"说完，他让周兵坐了下来，跟他说了自己的事。

周兵听完以后，心想：看来，这个孩子真的病了。我一定要让他好起来。

"你对我这么好，我要好好谢谢你。等我回王宫 以后，你想要什么我都可以给你。"王子 笑 着说。

周兵想了一会儿，礼貌 地说："我想以后 在你面前坐下来的时候，你不会对我大叫。"

"可以。以后，你就是我的大臣。别的大臣 在我面前都不能坐，但是你可以。"

"这孩子真有意思，"周兵笑着想，"他
说话真的有点像 国王。"

晚上睡觉 的时候，周兵让王子 睡在床
上，自己像 仆人 一样睡在地上。第二天
早上，他去帮 知远王子 买了一件 新 衣服。

但是，他回到家发现 王子 不在了。

　　他去外面问一个人，那个人说："你刚走了一会儿，就来了个高高的大男孩。他说是你让他来的，还说你在西京饭店 里等他们。他会带你的孩子去找你。你的孩子听他这么说，就跟他一起走了。"

　　"不好！一定是那个要饭的找人来抓他了！我要快点找到他们！"周兵拿 起刀就跑 了出去。

Chapter 7
回周兵的老家

周兵跑到西京饭店，没看到知远王子。
他又问了很多西京饭店里的人，人们都说
没看到他们。他又累又饿，找了一个地方
吃了饭，想下午再去找。

大男孩带王子去了一个很远的小
房子，可是房子里没有人。王子觉得有点
奇怪："你不是说要带我去找周兵吗？周兵
呢？"

"周兵怎么可能在这里！你也不想
想！"大男孩笑了起来。

这时候，一个又高又大的男人大叫着

92 房子 (fángzi) *n.* house

走进来："李小朋！你爸爸都不认识了？！我看你今天往 哪儿跑？"是李大！

"你不是我爸爸！我爸爸是国王，我是知远王子！"王子 大叫。

"别叫！我打死了人，我们不能再叫以前的名字了。你以后 不要告诉 别人你叫'李小朋'，听到没有？！"李大气得打了王子一下。

"走开！我再说一次，我是国王 的儿子！我叫宋知远！"王子 刚说完，李大又抓着他打。过了一会儿，李大打累 了，就去外面跟一些人喝酒 了。王子 在里面偷 听他们说话。

"有一个有钱人的儿子上个星期打了我儿子，"一个男人生气 地说。"我去找他们家人，他们没给钱，还打了我！"

"太不公平 了！"大家听了也很生气。

"有钱人真是太坏了！有个人买了我家的老房子，可是只给了一点点钱。我怕我不给他，他就让士兵 来抓 我们。"

"这些有钱人天天做坏事，士兵 也怕他们！国家的法律 有什么用？！"

王子 以为 李大认识的这些人都是坏人，会偷 东西、做坏事什么的。可是，他慢慢 发现，这些人是很穷，但是，有些人是好人。他们那么穷，也是因为这个国家的法律 不公平。

过一会儿，王子 走出去对这些人说："你们说的话我都听到了。以后 我做了

---

93 公平 (gōngpíng) *adj.* fair, just　　94 法律 (fǎlǜ) *n.* the law

国王，一定要让国家的法律 更公平。"
　　　　　　　　　　　　　　　　94　　93

　　听了他的话，人们都大笑 起来："你一
　　　　　　　　　　　　23
个要饭的，还想做国王？李大，你家小朋
今天怎么了？怎么这么多疯 话？"说完，大
　　　　　　　　　　　　62
家又笑 了起来。谁都不相信 知远王子 的
　　23　　　　　　　47　　　3

话，他这样说只会让人觉得他是个疯子。

下午，李大要带王子去要饭，王子大叫："放开我！我不去！"

"你不想要饭也可以，那你跟我来。"说完，李大抓着知远王子的手走到外面的大马路上。李大睡在地上，让自己看起来像是一个生病的人。好多路人都过来看，里面有一个高高的大男孩，是早上带他来见李大的那个人。

一个老人走过来，给了李大一点钱。"不要给他钱！他没有生病！刚刚有人偷了你的钱包！"王子对老人说。老人这时候才发现自己钱包不在身上了，他的后面站着那个高高的大男孩。

"抓小偷！抓小偷！"老人大叫起来。

李大很快从地上站起来，带着那个高高的大男孩一起跑了。王子看李大跑走了，觉得自己也应该快点跑。他跑了很久，又累又饿。快到晚上的时候，他看到了一个又大又破的大房子。这个地方人很少，房子里面好像也没有人。

王子走到门口，很礼貌地问："有人吗？可以给我点吃的吗？"一个老人慢慢地走了出来。

"你好，我很饿，你能给我一点吃的吗？"

"孩子，先进来吧。"老人一边开门，一边说，"我还没吃晚饭，你跟我一起吃吧。"

"这么晚了，你怎么会一个人在家？你

的老婆 和孩子呢？"王子 一边吃，一边问。

"他们都死了。"老人难过 地说，"几年前，一些士兵 来到我家，说我老婆 和孩子偷 了国家的东西，要抓 他们。我说，我们是穷 人，但是我们从来不做坏事，也不偷东西。可是，他们还是抓 走了我老婆 和孩子。不久，他们就死了……"

"怎么会这样？只是因为你们是穷 人，士兵 就说你们是小偷？那国家的法律 还有什么用？"王子 生气 地说。

"我觉得这个国家有很多问题，有钱人越来越有钱，穷 人越来越穷，法律 也不公平。"过了一会儿，老人又说："这个房子是很破，但是我觉得很好。我一个人住在

95 老婆 (lǎopo) *n.* wife

这里，什么也不用怕。因为这里没有士兵，也没有穷人。"

听老人这样说，王子很难过："可是，你这么老了，一个人住在这里怎么行呢？"老人没有再说什么。

老人的事让王子想了很多：如果一个国家的法律是公平的，就不会有这样的事发生。以后，我一定要让法律更公平，让穷人过得更好！

这天晚上，周兵也找到了这个破房子。

"你好，你找谁？"老人开门看到周兵的时候，有点怕，不想让他进来。

这时候，知远王子走过来对老人说："他是来找我的，他叫周兵。"

老人知道他们是朋友以后，很快就让周兵进来了。周兵和知远王子 在这里睡了一个晚上。第二天起床 以后，王子 穿 上了周兵给他买的新 衣服。周兵说要回老家，王子 就跟他一起去了。

　　他们坐了几个小时 马车，然后又下车走了一会儿。快到家的时候，周兵高兴 地大叫："前面就是我家！我们到了！"王子第一次看见周兵这么高兴。

　　"周兵，你弟弟不是对你很不好吗？你回去他会高兴 吗？"

　　"他是我弟弟，我们是一家人。再说，都五年了，我可以回家了。我有一个很漂亮 的女朋友，她叫雨平。我爸爸也觉得她是个好女孩，可以做我的老婆。"

"弟弟，我回来了！"大门是关着的，周
兵一边打门，一边高兴 地说。

"你是谁？走错了吧？"开门的是一个
男人，跟周兵长得有点像，他看起来比周
兵小几岁。

"弟弟，你不记得 我了吗？我是你哥
哥周兵啊！"

"我哥哥？！他早死了！他做士兵 的第
二年，就有人来跟我们说他死了。"弟弟站
在门口 不动，也不让周兵进门。

"弟弟，是我！我是你哥哥周兵！让我
进去，我要见爸爸和哥哥。"周兵大叫。

"我爸爸和哥哥都死了。我们跟你早就

没有关系 了！快走吧！"弟弟一边说，一边
关门。

    "不可能！你让我进去！雨平，我要见
雨平……你让雨平出来！"

"我告诉你，雨平现在是我老婆了。"弟弟笑着说，"如果你还不走，我要让士兵来抓你了！"

"我不走！这里是我家，我要进去，你走开！"

很快，弟弟就叫了很多士兵过来。

"这个男人和这个男孩偷了我家的东西，快抓住他们！"弟弟对士兵说。

"放开我！他说的不是真的！我们没有偷东西！"王子生气地说。

"不要抓我！这里是我家，我是他哥哥周兵！"

弟弟看着士兵抓了周兵和王子去坐牢，开心地关上了门。

Chapter 8
牢里的生活

　　牢里 关着周兵和王子，还有一百多个
人，这些人里面有男有女，有老人，也有
孩子。士兵 关好门以后 就出去喝酒 了。

　　"来人啊！让我出去！你们不能让
王子 坐牢！"知远王子 生气 地对着外面大
叫。

　　"你疯 了吧？死要饭的，别叫了！"外
面的士兵 都笑 他。

　　周兵和王子 在牢里 吃的东西很差，每
天还要做很多事。周兵觉得知远还是孩子，
就常常帮 他做事。第四天早上，周兵家以
前的一个老仆人 来牢里 看他。周兵以前

对这个老仆人 很好。等 士兵 走远了以后，
老仆人 拿 出饭菜，慢慢 说："对不起，我现
在也没办法 帮 您。等 您从牢里 出来以后，
我一定会告诉 大家所有的 事。"

"不要这样做，如果别人知道了，你

可能 也会坐牢。你能来看我，我已经很高兴 了。你知道，雨平做了我弟弟的老婆……"周兵说不下去了。

"您知道，雨平不想做他老婆。可是，他跟雨平说您已经死了，雨平也相信 了。你爸爸在死前让雨平一定要做您弟弟的老婆。她也不想这样……"

周兵听了很难过，很长时间都不说话。

"士兵 来了，我要走了。这些菜都是你喜欢 的，慢慢 吃。明天我会再来的。"

老仆人 走了以后，周兵和王子 坐在地上一起吃老仆人 带的饭菜。

从那天以后，仆人 每天都来给他们送 吃的。就在他们坐牢 的第二个星期五，

仆人 来告诉 周兵："西京很快要开一个大会，然后，王子 就是新 国王 了。大会的时间是这个月 10 号，听说你弟弟也会去。我还听说，马大臣 很喜欢 他。"

"新 国王 怎么样?"周兵一边吃老仆人送 来的饭菜，一边问。

"他对人很好，大家都说他会是个好国王。我们的法律 有很多不公平 的地方，但是新 国王 说，以后 都会越来越公平 的。"

老仆人 走后，王子 很难过。他很想马上 回王宫，但是没办法 回去。他只能跟牢里 的每一个人说话，听他们说自己的事。王子 发现，很多人都没有做错事，但是要在这里关很长时间。他想：我一定要帮 他们！

在他们坐牢的第三个星期一早上，士兵进来，要带他们走。

"你们要带我们去哪儿？"周兵抓着门不走。

"今天是你们坐牢的最后一天，所以今天不用工作。但是，我们还要打你十下。还有这个要饭的，也要打十下。打完以后，你们就可以回家了。"士兵一边大声说，一边去抓知远王子。

"你们不能这样对我们！法律不是这样的！"王子生气地大叫。

一个士兵大笑："死要饭的！你懂什么法律？我的话就是法律！"

"快走开！"王子一边说，一边打士兵。

"别说话了！再说话，我就再打你十

下！"

"你们不要打他！"周兵生气地说。"要打就打我一个人吧。"

"你是说真的吗？"士兵笑着问。

"不就是打二十下吗？来吧。"

士兵 听了，小声地笑 了起来。

看着士兵 一下一下地打周兵，牢里 的人都不说话。他们知道周兵是好人，士兵 不应该打他。

"周兵，谢谢你！"王子 看着周兵，难过地说。"我不会忘记 你为我做的事的。"

"好了，你们两个快走吧！别再让我们看见你们了！"士兵 站在牢房门口 说。

周兵慢慢 地站了起来，刚才士兵 打得太重 了，他现在只能慢慢 地走。"我们现在去哪儿？"周兵问。

"去西京！新 国王 开会 的地方。"王子 看了一下周兵，又说："你怎么样？还能走吗？"

"走路是可以的，只是有点慢。"周兵笑了一下。"可是，我们去西京做什么？"

"去了就知道了。"

快到晚上的时候，他们来到了西京。路上的人很多，所有人看起来都很开心。因为明天的大会以后，他们就有新的国王了。

王子有点饿了，对周兵说："我去买点吃的，你在这里找个地方坐一会儿，我很快就回来。"

可是，因为路上人太多了，王子买好东西以后，已经看不到周兵了。周兵坐着等了很久，都没看到王子。

Chapter 9
新国王大会

明天就是新国王大会的日子了，大会以后，小朋就要做国王了。这些天，他一直在跟王叔和重要的大臣开会，听他们说国家大事。小朋一直做得不错，大臣们相信他的病差不多都好了，也越来越觉得他会是个好国王。

刚进王宫的时候，小朋很想妈妈和姐姐。几个星期过去以后，他还是很想他们，但是他真的不想回去要饭了。他也很想知远王子，一直没忘记他。

新国王大会的日子到了，所有人都站在马路边，等着看新国王。马路两边都

有士兵，小朋穿 着漂亮 的衣服 坐在马上，
王叔 的马跟在他后面，他们的马都走得很
慢。小朋还是有点不相信 这是真的，但是
他很开心。

"国王 万岁。"左右两边的路人大声 地
对小朋说。

就在这时候，小朋看到前面有一个长
得很像 他妈妈的女人。"是她！"小朋心里
想。

小朋的妈妈也看到了小朋："啊！小
朋，我的儿子，是你吗？我是妈妈！"她哭
着想去抓 小朋。因为人太多了，很多人都
没听到她在说什么。

小朋很想叫"妈妈"，但是他想到自己

---

98 万岁 (wànsuì) *phrase* long live (the king!)

现在是王子，不能认妈妈了，只能很难过
地看着妈妈。

这些事王叔都看到了，他马上对小朋
说："国王，今天是重要的日子，您要高兴
一点，不要听刚才那个疯女人的话！"

"她不是疯女人，她是我的妈妈。"小

朋小声说。

"国王，请 您不要再说这些让人听不懂 的话了。"王叔 很怕，"如果新 国王 在大会 上也说这样的疯 话，那别的大臣 会怎么想？"

回到王宫 以后，仆人 帮 小朋下马，小朋看到很多大臣 带着他们的老婆 站在里面等 他。

没有人说话，所有人都礼貌 地站着，等 着。

"等 一等！他不是真国王，我才是！"知远王子 不知道从哪里跑 了进来。

大臣 们都回过头，看着这个穿 得像穷 人的男孩。士兵 也跟着跑 了进来，要抓他。

"放开他！他是知远王子！"小朋大声对士兵说。

王叔不知道发生了什么，只能对士兵说："国王刚才说错了。他这样说是因为他今天太累了。快点抓走这个要饭的疯子！"

"我没说错！他是知远王子！他应该是新国王！"小朋大声对王叔说。

所有的人都觉得这件事很奇怪，他们一会儿看看小朋，一会儿看看王子。这两个人长得真的很像，如果给他们穿上一样的衣服，一定会以为他们是一家人。只有王子和小朋知道，谁才是真国王。

— Chapter 10 —
做回自己

王叔 问了知远王子 很多老国王 的事，他都能很快说出来。可是，王叔 还是有点不相信 他就是真王子。他想了一会儿，想到了一个好办法。

"老国王 死以前，给了王子 一个王印。可是，王子 不记得 王印 放 在哪里了。我们一直都没找到。你们谁知道这个王印 在哪儿？"王叔 问。

"这个 问题 不难。"王子 对一个大臣说，"你现在去我的房间，进门左手边有个放 东西的地方。上面有个包，王印 就在包里。"

---

99 王印 (wángyìn) *n.* royal seal

大臣 听了王子 的话，就去了。过了一会儿，这个大臣 回来了。他小声对王叔说："房间 里没有他说的那个包。"

王叔 听到这话，生气 地说："来人！抓起来！"

"不要抓 他！他就是真王子！"小朋走到知远面前，"请 你再好好想想，那个王印放 在什么地方了。我记得，我们第一次见面那天，士兵 打了我几下。你知道了以后很生气，说要找他们。在你出去以前，我看到你拿 过一个包，王印 是不是就在那个包 里？你还记不记得 那个包 放 在了什么地方？"

"对的！那天我放 在床 下面了。"王子一下子 想起来了，"小朋，谢谢你！"

王叔 让刚才的那个大臣 再去看看。很快，他就带着一个王印 回来了。

"看来他真的是知远。"王叔 好像 相信了。"你们快点帮 知远王子 穿 上国王 的衣服！"听了王叔 的话，仆人 们都跑 过来帮 王子 穿 衣服。

"你怎么知道包 里的东西是王印？你拿 出来看过吗？"王子 觉得很奇怪。

"我以前不知道它就是王印，我一直用它打开 开心果。"说完，小朋不好意思 地笑了一下。

大家听小朋这样说，都大笑 起来，王叔 现在相信 知远就是真王子 了。

大会 这天早上，周兵一直在找王子。

80

周兵知道，他一定会去新 国王 大会，但是
他在开会 的地方怎么也找不到他。他也问
了很多人，可是谁都不知道。

"会不会是李大又抓 住他了？"周兵一
边走一边想。

快到中午的时候，周兵来到了王宫
门口。这时候，王子 的一个仆人 也在找周
兵。

仆人 看到周兵以后，问了他几个问题，
然后说："新 国王 想见你，请 跟我走吧。"

"新 国王 怎么会知道我呢？可能 是跟
我弟弟有关系 的事吧。"周兵觉得很奇怪，
他一边走一边想。

到了王子 面前，周兵一直看着地。

"周兵，看着我！"知远王子 大声 说。

周兵看着王子，还是有点不能相信。他想了一下，走过去，在王子 面前坐了下来。他想看看这个男孩是不是知远。

"你怎么能坐在国王 面前？"几个士兵生气 地跑 过来抓 周兵。

"放开 他！"王子 大声 说，"我说过他可以坐在我面前！你们听好了，这个人叫周兵。我在王宫 外面的时候，他帮 过我好几次。那时候我跟他说过，我回王宫 以后会让他做大臣，以后 只有他可以坐在我面前。"

"你没有疯！你说的都是真的！"周兵高兴 地站起来，又走到了下面。

王子笑了一下，又说："周兵的弟弟
在老家做了很多坏事。以后，周兵老家的
房子就是周兵的了。"王子看到周兵的弟
弟站在最后，对身边的士兵说："那个人就
是周兵的弟弟！抓起来！"

周兵的弟弟刚想往外跑，士兵就抓住了他，他大叫："哥哥，帮帮我！哥哥，我是你弟弟啊！"周兵没说话。

王子又对小朋说："小朋，你是好人！我不在王宫的时候，你做得很好！以后就在我身边帮我吧。还有，让你妈妈和姐姐也过得好一点。"过了一会儿，他又说："你爸爸的事我们以后再说吧。你要快点帮我想想，怎么让国家的法律更公平。"

小朋看着王子点了点头，然后，他不好意思地说："国王，我还有一个问题。"

"什么问题？快说。"

"以后我用什么吃开心果呢？"

"这个你要自己想办法。"王子笑着说。

这时候，知远王子 拿 起了王印。

"知远国王 万岁。"所有的 大臣 和仆人
一起说。

Key Words 关键词 (Guānjiàncí)

1. 国王 (guówáng) *n.* king
2. 出生 (chūshēng) *v.* to be born
3. 王子 (wángzǐ) *n.* prince
4. 件 (jiàn) *mw.* [measure word]
5. 高兴 (gāoxìng) *adj.* happy
6. 漂亮 (piàoliang) *adj.* pretty
7. 王宫 (wánggōng) *n.* the royal palace
8. 帮 (bāng) *v.* to help; for
9. 生活 (shēnghuó) *n.* life
10. 喜欢 (xǐhuan) *v.* to like
11. 穷 (qióng) *adj.* poor
12. 偷 (tōu) *v.* to steal
13. 破 (pò) *adj.* beat-up, run-down
14. 床 (chuáng) *n.* bed
15. 以后 (yǐhòu) *adv.* after, later
16. 饿 (è) *adj.* hungry
17. 穿 (chuān) *v.* to wear
18. 衣服 (yīfu) *n.* clothing
19. 喝酒 (hējiǔ) *vo.* to drink alcohol
20. 老师 (lǎoshī) *n.* teacher
21. 忘记 (wàngjì) *v.* to forget
22. 可能 (kěnéng) *adv.* maybe, possibly; possible
23. 笑 (xiào) *v.* to smile, to laugh
24. 懂 (dǒng) *v.* to understand
25. 问题 (wèntí) *n.* problem, quesiton
26. 累 (lèi) *adj.* to be tired
27. 睡着 (shuìzháo) *vc.* to fall asleep
28. 起床 (qǐchuáng) *vo.* to get out of bed
29. 难过 (nánguò) *adj.* upset
30. 士兵 (shìbīng) *n.* soldier

31. 门口 (ménkǒu) *n.* doorway

32. 发现 (fāxiàn) *v.* to discover

33. 宫 (gōng) *n.* palace

34. 马车 (mǎchē) *n.* carriage, chariot

35. 偷偷地 (tōutōu de) *adv.* stealthily, secretly

36. 差不多 (chàbuduō) *adv.* more or less

37. 仆人 (púrén) *n.* servant

38. 大声 (dàshēng) *adv.* loudly

39. 走开 (zǒukāi) *vc.* to go away

40. 重重地 (zhòngzhòng de) *adv.* heavily

41. 放开 (fàngkāi) *vc.* to let go, to release

42. 马上 (mǎshàng) *adv.* immediately (lit. "on horseback")

43. 怕 (pà) *v.* to be afraid (of)

44. 没想到 (méi xiǎngdào) *phrase* to not have imagined

45. 拿 (ná) *v.* to pick up, to get

46. 像 (xiàng) *v.* to resemble, to be like

47. 相信 (xiāngxìn) *v.* to believe

48. 请 (qǐng) *v.* to invite, to request; please

49. 不好意思 (bùhǎoyìsi) *adj.* embarrassed

50. 礼貌 (lǐmào) *n.; adj.* manners; polite

51. 房间 (fángjiān) *n.* room

52. 告诉 (gàosu) *v.* to tell

53. 生气 (shēngqì) *vo.* to be angry

54. 放 (fàng) *v.* to put

55. 包 (bāo) *n.* bag

56. 好像 (hǎoxiàng) *adv.* it seems that

57. 重 (zhòng) *adj.* heavy

58. 以为 (yǐwéi) *v.* to (mistakenly) think that

59. 死要饭的 (sǐ yàofànde) *phrase* miserable beggar

60. 往 (wǎng) *prep.* toward

61. 跑 (pǎo) *v.* to run

62. 疯 (fēng) *adj.* crazy

63. 所有的 (suǒyǒu de) *adj.* all

64. 发生 (fāshēng) *v.* to happen

65. 等 (děng) *n.* to wait (for)

66. 学生 (xuéshēng) *n.* student

67. 抓 (zhuā) *v.* to grab, to catch

68. 坐牢 (zuòláo) *vo.* to do time in jail

69. 送 (sòng) *v.* to send, to give

70. 奇怪 (qíguài) *adj.* strange

71. 生病 (shēngbìng) *vo.* to get sick

72. 哭 (kū) *v.* to cry

73. 记得 (jìde) *v.* to remember

74. 办法 (bànfǎ) *n.* way, solution

75. 王叔 (wángshū) *n.* brother of the king

76. 大臣 (dàchén) *n.* royal official

77. 重要 (zhòngyào) *adj.* important

78. 点头 (diǎntóu) *vo.* to nod one's head

79. 睡觉 (shuìjiào) *vo.* to sleep

80. 一下子 (yīxiàzi) *adv.* all of a sudden

81. 开心果 (kāixīnguǒ) *n.* pistachio nuts

82. 慢慢 (mànmàn) *adv.* slowly

83. 打开 (dǎkāi) *v.* to open

84. 开会 (kāihuì) *vo.* to have a meeting

85. 疯子 (fēngzi) *n.* crazy person

86. 大会 (dàhuì) *n.* conference, big meeting

87. 新 (xīn) *adj.* new

88. 钱包 (qiánbāo) *n.* wallet, money purse

89. 刀 (dāo) *n.* knife

90. 牢里 (láo lǐ) *phrase* in jail

91. 饭店 (fàndiàn) *n.* restaurant, inn

92. 房子 (fángzi) *n.* house

93. 公平 (gōngpíng) *adj.* fair, just

94. 法律 (fǎlǜ) *n.* the law

95. 老婆 (lǎopo) *n.* wife

96. 小时 (xiǎoshí) *n.* hour

97. 关系 (guānxi) *n.* relationship

98. 万岁 (wànsuì) *phrase* long live (the king!)

99. 王印 (wángyìn) *n.* royal seal

Part of Speech Key

adj. Adjective

adv. Adverb

aux. Auxiliary Verb

conj. Conjunction

cov. Coverb

mw. Measure word

n. Noun

on. Onomatopoeia

part. Particle

prep. Preposition

pn. Proper noun

tn. Time Noun

v. Verb

vc. Verb plus complement

vo. Verb plus object

Discussion Questions
讨论问题 (Tǎolùn Wèntí)

Chapter 1 不一样的生活

1. 小朋出生在什么样的家里？为什么他出生的时候，家人都不高兴？

2. 你有哥哥姐姐或者弟弟妹妹吗？你们的关系怎么样？

3. 白老师是什么人？小朋为什么很喜欢去他家？

4. 朋友们听说小朋想去见王子，都笑他。你觉得小朋的想法可笑吗？为什么？

5. 如果你的朋友因为你说的话笑你，你会生气吗？这样的事发生过吗？

Chapter 2 两个人的见面

1. 小朋进了王宫以后和王子一起做了什么？

2. 王子的生活和小朋的生活有什么不一样？王子怎么看小朋的生活？

3. 士兵为什么打知远王子？

4. 知远王子出了王宫以后，发生了什么？

5. 如果你是知远王子，出了王宫以后，你会怎么做？

Chapter 3 小朋做王子

1. 如果你是小朋，仆人以为你是真王子时候，你会怎么做？

2. 你觉得老国王为什么不让别人说这件事？

3. 你觉得小朋喜欢王子的生活吗？你喜欢过这样的生活吗？为什么？

4. 如果你是小朋，你进了王宫以后，会怎么生活？

Chapter 4 出了王宫以后

1. 李大为什么要跑？

2. 在开会的地方，知远王子知道了什么重要的事？

3. 周兵是什么样的人？在生活中，像周兵这样的人多吗？

4. 你也没有像周兵一样，帮过别人呢？如果有，是什么事？

Chapter 5 小朋学做国王

1. 老国王死了以后，小朋要做一些什么事？他喜欢做这些事吗？为什么？

2. 这个跟小朋差不多大的男孩是谁？他为什么来王宫？小朋是怎么对这个男孩的？

3. 你认为小朋是个什么样的孩子？如果他是真王子，你觉得他以后会是个好国王吗？

4. 士兵为什么抓穿红衣服的老人？小朋是怎么发现士兵抓错了人的？

Chapter 6 李大抓知远

1. 周兵出生在什么样的家里？

2. 周兵的弟弟做了什么坏事？周兵是怎么对他的弟弟的？

3. 如果你的哥哥姐姐弟弟妹妹做了让你很不开心的事情，你也会像周兵一样吗？为什么？

4. 周兵去给王子买新衣服的时候，发生了什么事？你觉得这个男孩是什么人？

Chapter 7 回周兵的老家

1. 王子听到外面的穷人一直在说什么？为什么在王宫里听不到人们这样说？

2. 李大睡在路上要饭的时候，发生了什么？王子是怎么做的？你觉得王子做得对吗？

3. 如果你在路上看到一个人这样做，你会说出真话吗？为什么？你有没有因为说真话害怕过？

4. 周兵回家以后，弟弟是怎么对他的？

Chapter 8 牢里的生活

1. 周兵家以前的老仆人知道所有的事，可是他现在还不能说，为什么？

2. 你怎么看你的国家的法律？有没有不公平的地方？对那些不公平的法律，人们怎么看？

3. 你觉得知远王子要去新国王开会的地方做什么？

4. 你能不能帮王子想一个办法，让人们相信他是真王子？

Chapter 9 新国王大会

1. 小朋在王宫住了几个星期以后，跟以前有什么不一样？为什么会这样？

2. 小朋看到妈妈的时候，是怎么做的？他为什么要这样做？

3. 知远王子跑进来的时候，小朋是怎么做的？如果你是他，你也会说出真话吗？

4. 如果你是王叔，你会用什么办法来找出谁是真王子？

Chapter 10 做回自己

1. 为了找出谁是真王子，王叔用了什么办法？最后是怎么找到王印的??

2. 周兵见到知远王子的时候，做了什么？他为什么要这样做？

3. 王子让人抓周兵的弟弟，为什么周兵不帮弟弟？如果你是周兵，你会怎么做？为什么？

4. 如果王子抓了李大，你觉得小朋会帮他爸爸吗？为什么？

Appendix A:
Character Comparison Reference

This appendix is designed to help Chinese teachers and learners use the Mandarin Companion graded readers as a companion to the most popular university textbooks and the HSK word lists.

The tables below compare the characters and vocabulary used in other study materials with those found in this Mandarin Companion graded reader. The tables below will display the exact characters and vocabulary used in this book and not covered by these sources. A learner who has studied these textbooks will likely find it easier to read this graded reader by focusing on these characters and words.

Integrated Chinese Level 1, Part 1-2 (3rd Ed.)

Words and characters in this story not covered by these textbooks:

Character	Pinyin	Word(s)	Pinyin
士	shì	士兵	shìbīng
兵	bīng	士兵 周兵	shìbīng Zhōu Bīng
仆	pú	仆人	púrén
宫	gōng	王宫 宫里 宫门	wánggōng gōng lǐ gōngmén
门	mén	门 开门 宫门 门外 进门 大门 关门 门口	mén kāimén gōngmén mén wài jìnmén dàmén guānmén ménkǒu
抓	zhuā	抓 抓住 抓走	zhuā zhuāzhù zhuāzǒu

Character	Pinyin	Word(s)	Pinyin
臣	chén	大臣	dàchén
偷	tōu	偷 小偷 偷偷 偷听	tōu xiǎotōu tōutōu tōutīng
声	shēng	大声 小声 一声	dàshēng xiǎoshēng yī shēng
疯	fēng	疯 疯子 疯话	fēng fēngzi fēnghuà
牢	láo	坐牢 牢里 牢房	zuòláo láo lǐ láofáng
穷	qióng	穷 穷人	qióng qióngrén
相	xiāng	相信	xiāngxìn
怪	guài	奇怪	qíguài
奇	qí	奇怪	qíguài
破	pò	破	pò
婆	pó	老婆	lǎopo
总	zǒng	总是	zǒngshì
貌	mào	礼貌	lǐmào
酒	jiǔ	酒	jiǔ
刀	dāo	刀	dāo
万	wàn	万岁	wànsuì
宋	sòng	宋	Sòng

New Practical Chinese Reader, Books 1-2 (1st Ed.)

Words and characters in this story not covered by these textbooks:

Character	Pinyin	Word(s)	Pinyin
周	zhōu	周兵	Zhōu Bīng
仆	pū	仆人	púrén
宫	gōng	王宫 宫里 宫门	wánggōng gōng lǐ gōngmén
叔	shū	王叔	wángshū
臣	chén	大臣	dàchén
直	zhí	一直	yīzhí
牢	láo	坐牢 牢里 牢房	zuòláo láo lǐ láofáng
疯	fēng	疯 疯子 疯话	fēng fēngzi fēnghuà
穷	qióng	穷 穷人	qióng qióngrén
奇	qí	奇怪	qíguài
怪	guài	奇怪	qíguài
更	gèng	更	gèng
破	pò	破	pò
印	yìn	王印	wángyìn
貌	mào	礼貌	lǐmào
近	jìn	近	jìn

Hanyu Shuiping Kaoshi (HSK) Levels 1-3

Words and characters in this story not covered by these levels:

Character	Pinyin	Word(s)	Pinyin
王	wáng	王 王子 国王	wáng wángzǐ guówáng

Character	Pinyin	Word(s)	Pinyin
		王叔 王宫	wángshū wánggōng
士	shì	士兵	shìbīng
兵	bīng	士兵 周兵	shìbīng Zhōu Bīng
仆	pú	仆人	púrén
宫	gōng	王宫 宫里 宫门	wánggōng gōng lǐ gōngmén
抓	zhuā	抓 抓住 抓走	zhuā zhuāzhù zhuāzǒu
臣	chén	大臣	dàchén
死	sǐ	死 打死	sǐ dǎsǐ
偷	tōu	偷 小偷 偷偷 偷听	tōu xiǎotōu tōutōu tōutīng
疯	fēng	疯 疯子 疯话	fēng fēngzi fēnghuà
牢	láo	坐牢 牢里 牢房	zuòláo láo lǐ láofáng
穷	qióng	穷 穷人	qióng qióngrén
活	huó	生活	shēnghuó
律	lǜ	法律	fǎlǜ
破	pò	破	pò
印	yìn	王印	wángyìn

Character	Pinyin	Word(s)	Pinyin
婆	pó	老婆	lǎopo
貌	mào	礼貌	lǐmào
刀	dāo	刀	dāo
宋	sòng	宋	Sòng

Appendix B: Grammar Point Index

For learners new to reading Chinese, an understanding of grammar points can be extremely helpful for learners and teachers. The following is a list of the most challenging grammar points used in this graded reader.

These grammar points correspond to the Common European Framework of Reference for Languages (CEFR) level A2 or above. The full list with explanations and examples of each grammar point can be found on the Chinese Grammar Wiki, the definitive source of information on Chinese grammar online.

CHAPTER 1	
Time words and word order	Subj. + Time …… / Time + Subj.…….
Indicating location with "zai" before verbs	Subj. + 在 + Place + V
Change of state with "le"	[New Situation] + 了
Expressing "all along" with "yizhi"	Subj. + 一直 + Predicate
Special cases of "zai" following verbs	Subj. + [Special Verb] + 在 + Location
Expressing "both A and B" with "you"	Subj. + 又 + Adj. 1 + 又 + Adj. 2
Modifying nouns with adjective + "de"	Adj. + 的 + Noun
Emphasizing quantity with "dou"	Subj. + 都 + Verb + Obj.
Ye and "dou" together	Subj. + 也 + 都 + Verb / Adj.
Aspect particle "zhe"	Verb + 着
Superlative "zui"	最 + Adj.
Descriptive complement	Verb / Adj. + 得 + Description
Auxiliary verb "yao" and its multiple meanings	Subj. + 要 + Verb
When with "de shihou"	(Subj.) + Verb / Adj. + 的时候, Subj. + Verb + Obj.

A softer "but"	Clause 1，不过 + Clause 2
Expressing "and also" with "hai"	Subj. + Verb + Obj. 1，还 + Verb + Obj. 2
Cause and effect with "yinwei" and "suoyi"	因为 + Cause，所以 + Effect
Expressing "even more" with "geng"	更 + Adj.
Using "gen" to mean "with"	Subj. + 跟 + Person + Verb + Obj.
Expressing location with "zai... shang / xia / li"	在 + Place + 上 / 下 / 里 / 旁边 / etc.
Expressing "only" with "zhi"	只 + Verb
After a specific time with "yihou"	Time / Verb + 以后，Subj. + Verb + Obj.
Expressing "always" with "zongshi"	Subj. + 总是 + Verb
Basic comparisons with "bi"	Noun 1 + 比 + Noun 2 + Adj.
Two words for "but"	Statement，可是 / 但是 + [Contrary Statement]
Causative verbs	Subj. + Causative Verb + Noun / Pronoun + Verb-Obj.
Using "dui" with verbs	对 + Obj.+ Verb Phrase
Expressing "will" with "hui"	Subj. + 会 + Verb + Obj.
Before a specific time with "yiqian"	Time / Verb + 以前，Subj. + Verb + Obj.
Before in general with "yiqian"	以前，Subj. + Verb + Obj.
Expressing completion with "le"	Subj. + Verb + 了 + Obj.
Special verbs with "hen"	Subj. + 很 + [Certain Verbs] + [General Verbs / Nouns]
Simultaneous tasks with "yibian"	Subj. + 一边 + Verb (，) + 一边 + Verb
If..., then... with "ruguo..., jiu..."	如果 + Statement，就 + Result
Potential complement "-bu dong" for not understanding	Subj. + Verb + 不懂
Expressing experiences with "guo"	Subj. + Verb + 过 + Obj.

Expressing "not at all" with "yidianr ye bu"	Subj. + 一点也 / 都 + 不 + Adj.
Sequencing with "xian" and "zai"	先 + [Verb Phrase 1] + 再 + [Verb Phrase 2]
Expressing "already" with "yijing"	已经 + Verb / [Verb Phrase] + 了
Expressing "together" with "yiqi"	[Subj.] + 一起 + Verb + Obj.
"zhao" as complement	Verb + 着

CHAPTER 2

Expressing "would like to" with "xiang"	Subj. + 想 + Verb + Obj.
Reduplication of verbs	Subj. + Verb + Verb
Basic comparisons with "yiyang"	Noun 1 + 跟 / 和 + Noun 2 + 一样
Expressing "some" with "yixie"	一些 + Noun
Expressing actions in progress	Subj. + 在 + Verb + Obj.
Approximations with "chabuduo"	差不多 + Adj. / Verb
Result complements "dao" and "jian"	Subj. + Verb + 到 + Obj.
Verbs that take double objects	Subj. + Verb + [Indirect Obj.] + [Direct Obj.]
Tricky uses of "dao"	Subj. + Verb + 到
Reduplication of adjectives	Adj. + Adj. + 的 (+ Noun)
Expressing "a little too" with "you dian"	Subj. + 有点 (儿) + Adj.
Adjectives with "name" and "zheme"	Subj. + 那么 / 这么 + Adj.
Expressing "as one likes" with "jiu"	想 + Verb (+ Obj.) + 就 + Verb (+ Obj.)
Expressing "the more... the more..." with "yue... yue..."	Subj. + 越 + Verb + 越 + Adj.
Expressing "difficult" with "nan"	Subj. + (很) 难 + Verb
Many types of "not only... but also..."	Subj. + 不仅 / 不但 / 不只 + ······ , 而且 / 还 / 也 + ······
Expressing not knowing how to do something using "hao"	Subj. + 不知道 + Verb Phrase + 好

Result complement "-wan" for finish-ing	Subj. + Verb + 完 + Obj.
Expressing "never" with "conglai"	Subj. + 从来 + 不 + [Verb Phrase]
Continuation with "hai"	Subj. + 还在 + Verb + Obj.
Expressing "not anymore" with "le"	(已经 +) 不 / 没 (有) + [Verb Phrase] + 了
Expressing "not very" with "bu tai"	Subj. + 不太 + Adj.
Verbing briefly with "yixia"	Subj. + Verb + 一下 + Obj.
Suggestions with "ba"	Command + 吧
Negative adjectives with "-si le"	(Subj. +) Negative Adj. + 死了
Directional verbs "lai" and "qu"	来 / 去 + Place
Inability with "mei banfa"	Subj. + 没办法 + Verb + Obj.
Shi… de construction	Subj. + 是 + Information to be Em-phasized + Verb + 的
Expressing earliness with "jiu"	Subj. + Time + 就 + Verb + Obj.
It seems with "haoxiang"	Subj. + 好像 + [Observation]
Mistakenly think that	Subj. + 以为 + Phrase
Using "youde" to mean "some"	有的 + (Subj.) + Predicate，有的 + (Subj.) + Predicate
Expressing "everyone" with "shei"	谁 + 都 + Verb Phrase
Expressing "should" with "yinggai"	Subj. + 应该 + Verb + Obj.
In the future in general with "yihou"	以后 + Subj. + Verb + Obj.
Expressing lateness with "cai"	Subj. + Time + 才 + Verb + Obj.

CHAPTER 3

Events in quick succession with "yi… jiu"	Subj. 一 + Event 1，就 + Event 2
Again in the future with "zai"	Subj. + 再 + Verb Phrase
Expressing "in addition" with "haiyou"	[Clause]，+ 还有，+ [Clause 2]
Referring to "all" using "suoyou"	所有的 + Noun + 都 + Verb / Adj.
Just now with "gangcai"	刚才 + Verb

Resultative complement "huai"	Verb + 坏
Appearance with "kanqilai"	Subj. + 看起来 + Adj.
Expressing duration of inaction	Subj. + Duration + 没 + Verb + Obj. + 了
Result complement "-qilai"	Verb + 起来
Expressing "more and more" with "yuelaiyue"	Subj. + 越来越 + Adj. + 了
Expressing "all at once" with "yixiazi"	Subj. + 一下子 + Verb + 了
Using "hao" to mean "easy"	好 + Verb
Using "lai" to connect two verb phrases	通过 / 用 + Agent + 来 + Verb Phrase
Resultative complement "kai"	Verb + 开
Again in the past with "you"	又 + Verb + 了

CHAPTER 4

Expressing "stop doing" with "bie… le"	别 + Verb / Verb Phrase + 了
Result complement "-cuo"	Obj. + Subj. + Verb + 错 + 了
Turning adjectives into adverbs	Subj. + Adj. + 地 + Verb
Result complement "-hao"	Obj. + Verb + 好 + 了
Using "dao" to mean "to go to"	Subj. + 到 + Place

CHAPTER 5

Expressing "about to" with "jiuyao"	快（要）/ 就（要）+ Verb Phrase + 了
Intensifying with "duo"	Subj. + 多 + Adj.
Topic-comment sentences	
Indicating a number in excess	Number + 多 + Measure word + (Noun)
Expressing "just" with "gang"	Subj. + 刚 + Verb
Conceding a point with "shi"	Adj. + 是 + Adj. ，但是······
In addition with "zaishuo"	Clause 1，再说 + Clause 2

CHAPTER 6

Resultative complement "zhu"	Verb + 住
Comparing specifically with "xiang"	Noun 1 + 像 + Noun 2 + 一样 + Adj. / Verb
Coincidence with "zhenghao"	Noun + 正好 （as an Adj.）
CHAPTER 7	
Negative commands with "bie"	别 + Verb + (Obj.)
Ending a non-exhaustive list with "shenme de"	List + 什么的
For with "gei"	Subj. + 给 + [Recipient] + Verb + Obj.
Already with "dou… le"	都 + Verb / Adj. / Quantity + 了
CHAPTER 8	
Expressing "in this way" with "zheyang"	Condition，这样 + Result / Purpose
Result complement "xiaqu"	Subj. + Verb + 下去
Expressing "for" with "wei"	为 + [Some Part] + Verb
CHAPTER 9	
Emphasizing with "cai"	Subj. + 才 + Verb + Obj. + 呢
CHAPTER 10	
There are no new grammar points in this chapter.	

Other Stories from Mandarin Companion

Level 1 Readers: 300 Characters

The Secret Garden 《秘密花园》
by Frances Hodgson Burnett

Li Ye (Mary Lennox) grew up without the love and affection of her parents. After an epidemic leaves her an orphan, Li Ye is sent off to live with her reclusive uncle in his sprawling estate in Nanjing. She learns of a secret garden where no one has set foot in ten years. Li Ye finds the garden and slowly discovers the secrets of the manor. With the help of new friends, she brings the garden back to life and learns the healing power of friendship and love.

The Sixty Year Dream 《六十年的梦》
based on Rip Van Winkle by Washington Irving

Zhou Xuefa (Rip Van Winkle) is well loved by everyone in his town, everyone except his nagging wife. With his faithful dog Blackie, Zhou Xuefa spends his time playing with kids, helping neighbors, and discussing politics in the teahouse. One day after a bad scolding from his wife, he goes for a walk into the mountains and meets a mysterious old man who appears to be from an ancient time. The man invites him into his mountain home for a meal and after drinking some wine, Zhou Xuefa falls into a deep sleep. He awakes to a time very different than what he once knew.

The Monkey's Paw 《猴爪》
by W. W. Jacobs

Mr. and Mrs. Zhang live with their grown son Guisheng who works at a factory. One day an old friend of Mr. Zhang comes to visit the family after having spent years traveling in the mysterious hills of China's Yunnan Province. He tells the Zhang family of a monkey's paw that has magical powers to grant three wishes to the holder. Against his better judgment, he reluctantly gives the monkey paw to the Zhang family, along with a warning that the wishes come with a great price for trying to change ones fate…

The Country of the Blind 《盲人国》
by H. G. Wells

"In the country of the blind, the one-eyed man is king" repeats in Chen Fangyuan's mind after he finds himself trapped in a valley holding a community of people for whom a disease eliminated their vision many generations before and no longer have a concept of sight. Chen Fangyuan quickly finds that these people have developed their other senses to compensate for their lack of sight. His insistence that he can see causes the entire community to believe he is crazy. With no way out, Chen Fangyuan begins to accept his fate until one day the village doctors believe they now understand what is the cause of his insanity… those useless round objects in his eye sockets.

Sherlock Holmes and the Case of the Curly-Haired Company 《卷发公司的案子》
based on The Red Headed League by Sir Arthur Conan Doyle

Mr. Xie was recently hired by the Curly Haired Company. For a significant weekly allowance, he was required to sit in an office and copy articles from a book, while in the meantime his assistant looked after his shop. He had answered an advertisement in the paper and although hundreds of people applied, he was the only one selected because of his very curly hair. When the company unexpectedly closes, Mr. Xie visits Gao Ming (Sherlock Holmes) with his strange story. Gao Ming is certain something is not right, but will he solve the mystery in time?

Level 2 Readers: 450 Characters

Great Expectations: Part 1 《美好的前途（上）》
by Charles Dickens

Great Expectations is hailed as Charles Dickens' masterpiece. A gripping tale of love and loss, aspiration and moral redemption, the story follows the young orphan Xiaomao (Pip) from poverty to a life of unexpected opportunity and wealth. In Part 1, Xiaomao is raised by his short-tempered older sister and her husband who run a small repair shop in the outskirts of Shanghai. Xiaomao dreams of leaving his life of poverty behind after becoming playmates with the beautiful Bingbing (Estella), daughter of the eccentric Bai Xiaojie (Ms. Havisham). His prospects for the future are bleak, until one day a mysterious benefactor gives Xiaomao the opportunity of a lifetime.

Great Expectations: Part 2 《美好的前途（下）》
by Charles Dickens

Great Expectations is hailed as Charles Dickens' masterpiece. A gripping tale of love and loss, aspiration and moral redemption, the story follows the young orphan Xiaomao (Pip) from poverty to a life of unexpected opportunity and wealth. In Part 2, Xiaomao leaves his life of poverty behind to seek his fortunes in Shanghai and win the heart of the beautiful yet cold-hearted Bingbing (Estella). Xiaomao's world is turned upside down when his mysterious benefactor is revealed and his deepest secrets are brought into the light of day.

Journey to the Center of the Earth 《地心游记》
by Jules Verne

Join Professor Luo and his niece Xiaojing in their daring quest down the mouth of a volcano to reach the center of the earth. Guided by a mysterious passage on an ancient parchment and accompanied by their faithful guide Lao Xu, the three explorers encounter subterranean phenomena, prehistoric animals, and vast underground seas.

Mandarin Companion is producing a growing library of graded readers for Chinese language learners.

Visit our website for the newest books available:

www.MandarinCompanion.com